»Für meinen Vater …

… der mich ermutigte, nach Indien
(und nach Kalkutta!) zu reisen«

Bahnhofstr. 29, 83128 Halfing, Germany
Tel./Fax: +49-(0)80 55 - 90 37 90

Gedichte & Fotografie: Rainer Thielmann
Umschlaggestaltung & Satz:
Guter Punkt GmbH & Co. KG – Andrea Barth, www.guter-punkt.de
Lektorat: Dr. Horst Leisering
Druck & Bindung: Peschkedruck, München

ISBN 978-3-9812583-0-1
2. Auflage 2012

www.indienvoninnen.de

Rainer Thielmann

INDIEN von innen

Rätselhaft magisch — wundersam fremd

verse in farbe

Reiselyrik verlag

VORWORT

Indien hat mir Angst gemacht und sie mir gleichzeitig genommen. Es hat mich still werden lassen, während es mich erschreckte. Ich empfand Abscheu und Nähe. Ein Gefühl hält sich bis heute: die Liebe zu diesem Land.

Rainer Thielmann

Shukriya
Dhanyavad
Nandri
Nanni
Anugurihiitosumi
Thank you

INHALT

STÄDTEBRÜHE

Die Welt sieht so rätselhaft magisch aus ...

»Dunst über Delhi«

Dunst über Delhi
Stimmen im Nichts
Verflirrende Rikschas
Drahtopfer des Lichts

Gestern ist heute
Morgen ein Stern
Verschleierte Straßen
Leislos und fern

Der milchige Morgen
Schmeckt seltsam verbrannt
Ich geb aus den Händen
Was nicht in meiner Hand

Heb ab durch den Boden
Verklage die Kunst
Der Dunst über Delhi
Beschreibt meinen Dunst

»old Delhi«

Menschenhupentempeldreck
Rikschacurrybusversteck
Bettlerbrachenlumpenkot
Lebensingweratemnot

Hundeschwülegötterkuh
AugenskelettestimmenYOU!
Händlerpferchenhimmelnah
Hindustäbchendufterbar

Sitarmessingrupienschrott
Überunternebenjob
Gassenteafortwoagent
Schocktouristenexkrement

Farbenqietschenkrüppelqual
Monsunmantragüllkanal
Stimmenräderchickenhalt
Delhidampft-urmittelalt

»Begegnung mit Lichtern«

Sie packen, sie schleppen, sie ziehen
Sie handeln, sie binden, sie hämmern
Sie nähen, sie basteln, sie schieben
Sie schneiden, rasieren und kämmen

Sie tragen, sie leimen, sie nageln
Sie heben und sie balancieren
Sie töpfern, sie wuchten, sie schaben
Sie schmieden und sie reparieren

Sie feilen, sie formen, sie flicken
Sie helfen, sie hobeln, sie fegen
Polieren, bejahen kopfwippend
Sie feilschen dafür und dagegen

Sie säubern, sortieren und beten
Sie kochen, sie waschen, sie essen
Sie zählen, sie scheuern, sie kneten
Die Lichter sind nie zu vergessen

NEWMUMBAI
THANE

»Horn please«

Wer hupt, hat recht, wer Gas gibt, gilt
Wer Vorfahrt raubt, ist voll im Bild
Wer blinkt, ist blöd, wer abkürzt, führt
Wer scheu durchs Knäuel kriecht, verliert

Wer drängt, verdient, wer sägt, macht gut
Wer kracht und klappert, hat's im Blut
Wer Nischen nutzt, durch Lücken putzt
Vorstößt und schnellt, bleibt ungestutzt

Rückspiegel? Nicht nötig! Wer sieht schon zurück?
In heiß-höchster Drehzahl beschleunigt das Glück
Im Garten der Irre sind die Irren weit vorn
Die Räder des Wahnsinns gemahnen: »Please Horn!«*

Doch steigen sie aus, dann schlafen sie ein
Hastlos, seelenruhig ... um wieder Inder zu sein ...

(... kann es sein? Das Gen zum Rasen,
das jeden Schlummer-Schlacks zum Waghals transformiert,
wird beim Anlassen des Wagens
über das Zündkabel im Fahrer aktiviert)

* »Bitte hupen!«

»Rinderslalom«

Wir fahren Rinderslalom
Durch Dörfer und durch Löcher
Die Kühe hier sind heilig
Wie halbe Hindugötter

Sie (r)indern auf der Straße
Sie geistern uns entgegen
Sie baden gar in Gassen
(Und manchmal auch daneben)

Die Schweine, Ziegen, Esel
Die Hunde-Kleinigkeiten
Sind auf geweihtem Boden
Klar in den Minderheiten

Wir fahren Rinderslalom
'ne echte Ochsenralley
Und stolpern auf vier Rädern
Durch Scheiße Richtung Delhi!

P.S.:
Wie die im Dreck hier »grasen«
Das sollten unsre wissen!
Die Rindviecher in Bayern
Die würden viel vermissen!

»Monsun I«

Als der Regen kam, wies Gott was geschah
Als der Regen kam, blieb nichts wie es war:
Die Straße ein Strom, die Schirme ein Witz
Die Farben ein Ton, die Fenster ein Schlitz
Als der Regen kam, blieb nur Verschwommenes klar ...

Als die Schwüle kam, quoll Dampf aus dem Dreck
Als die Schwüle kam, verkam ich zum Fleck:
Die Haut wie ein Hahn und keiner dreht zu
Die Brille am Hals, geschulterte Schuh
Als die Schwüle kam, bot sich nur ein Versteck:

Ins kalte Gebläse der Klimas und Cooler
Wo Ventilatoren noch stürmisch am Ruder
Doch wähnst du dich sicher, hast du übersehen:
Im Restaurant weht heute Windstärke zehn!

»Na gut«, scherzt du, »besser als draußen die Wellen
Ich könnt hier im Wind ein paar Beutel bestellen ...«
Und lachst wie ein Inder, der aus Pointen besteht
Mit acht Kellnern um dich, bis kein Zählen mehr geht ...

»in gefolgschaft«

(»Die Museumsführung«)

Vor den längst verstorbenen Uhren
Steht die Blitzlicht-Meute stramm
Bis es auf Museums Fluren
Im Befehlston heißt »Please come!«

Klingt als macht sie den Prozess kurz
Züchtigt unser Tour-Programm
Denn sie hallt wie vor 'nem Umsturz
Wenn sie repetiert »Please come!«

Ihr Stakkato-Englisch peitscht uns
Durch die nächste Büsten-Klamm
Noch zwei Hiebe und sie schmeißt uns
in die Galerie: »Please come!«

Immer schneller, immer weiter
Wir sind nur ihr Opferlamm
Kalte Strenge brüllt noch breiter
Als sie zähnefletscht »Please come!«

Nach noch nichtmal zehn Minuten
Sind wir endlich übern Damm
Und der Tag zählt zu den Guten
Weil Du flüsternd lachst »Please come ...«

»Der Garten«

Ich sitze im Zug und schaue hinaus
Die Welt sieht so rätselhaft magisch aus
Die Menschen gehen ständig, wo ich sie auch seh –
Kein Mensch bleibt hier mal auf der Stelle stehen

Wie friedlich sie wandern, den Tag an der Hand
Die Akten im Arm für die Zahlen im Land
Geschmeidige Schritte, den Blick frei gekämmt
Neugierige Augen in schweißfeinem Hemd

Von überall her strömen sie Richtung Gleis
Das ihnen den blühenden Garten verheißt
Sie schieben sich artig in heiße Wagons
Da plötzlich: Sie stehen! (– und können nicht entkommen!)

Ich sitze im Zug und schaue hinaus
Die Welt sieht so rätselhaft magisch aus
Die Menschen stehen eng, tausendfältig und eins
Wie Blumen im Glanze des Frühsonnenscheins

»Mumbai«

Taxis, Teller, Tassen
Kirchen, Cricket, Kinos
Partys, Pomp und Parsen
Showmen, Schecks und Schizos

Busse, Banken, Bettler
Linsen, Lichter, Liebe
Gateway (George), Ganesha
Dabbawallahs, Diebe

Züge, Zelte, Zahlen
England, Egos, »Ek Chai!«
Wäsche, Werbung, Waren
Menschen, Märkte, Mumbai!

»Hindu-Hunde«

Was mögen die Hunde wohl denken
Wenn sie in dem Vollchaos stehen
Sich abwundern über die Menschen
Und ihnen beim Hupen zusehen

Die Straße platzt aus allen Ketten
Die Rosträder rollen in Scharen
Als Hund ist man nicht mehr zu retten –
Nur Kühe werden zärtlich umfahren ...

Sie schütteln ungläubig die Schnauze
Sie glotzen, als sagten sie »Kinders ...«
Doch eins wissen sie ganz genauso:
»Die Uhren gehen hier einfach inders!«

»Blühendes Kalkutta«

In deinen Brachen kannst du dich spiegeln
Du schneidest Leben aus bitterer Luft
In den Kloaken kriechst du auf Knien
Und hältst selbst den, der dich verruft

In deinen Rinnen verwahrst du Menschen
Du wirkst abscheulich elendsstark
In deinem Krüppeln sprengst du die Grenzen
Im Herz der Hoffnung lebt dein Schlag

Du holst noch Träume aus schweren Tagen
Das offene Jammern liegt dir so fern
Gehst du zu Bett, gehst du zu Straßen
Unter Teresas goldenem Stern

In deiner Zugkraft bist du verlässlich
Sie schiebt dich durch den nächsten Dreck
Du lebst aus Wunden, eitrig-authentisch
Du Gottesstadt – heiliger Schreck!

SECOND CLASS

»Abendlicht 1«

Und der Fluss wird weiter steigen, wenn der Regen weiter fällt
Und wir werden einfach bleiben, bis wir spüren, dass uns nichts hält
Und die Räder werden sich drehen, weil der Stillstand nichts verspricht
Und ich werde bei Dir stehen, bis zum letzten Abendlicht ...

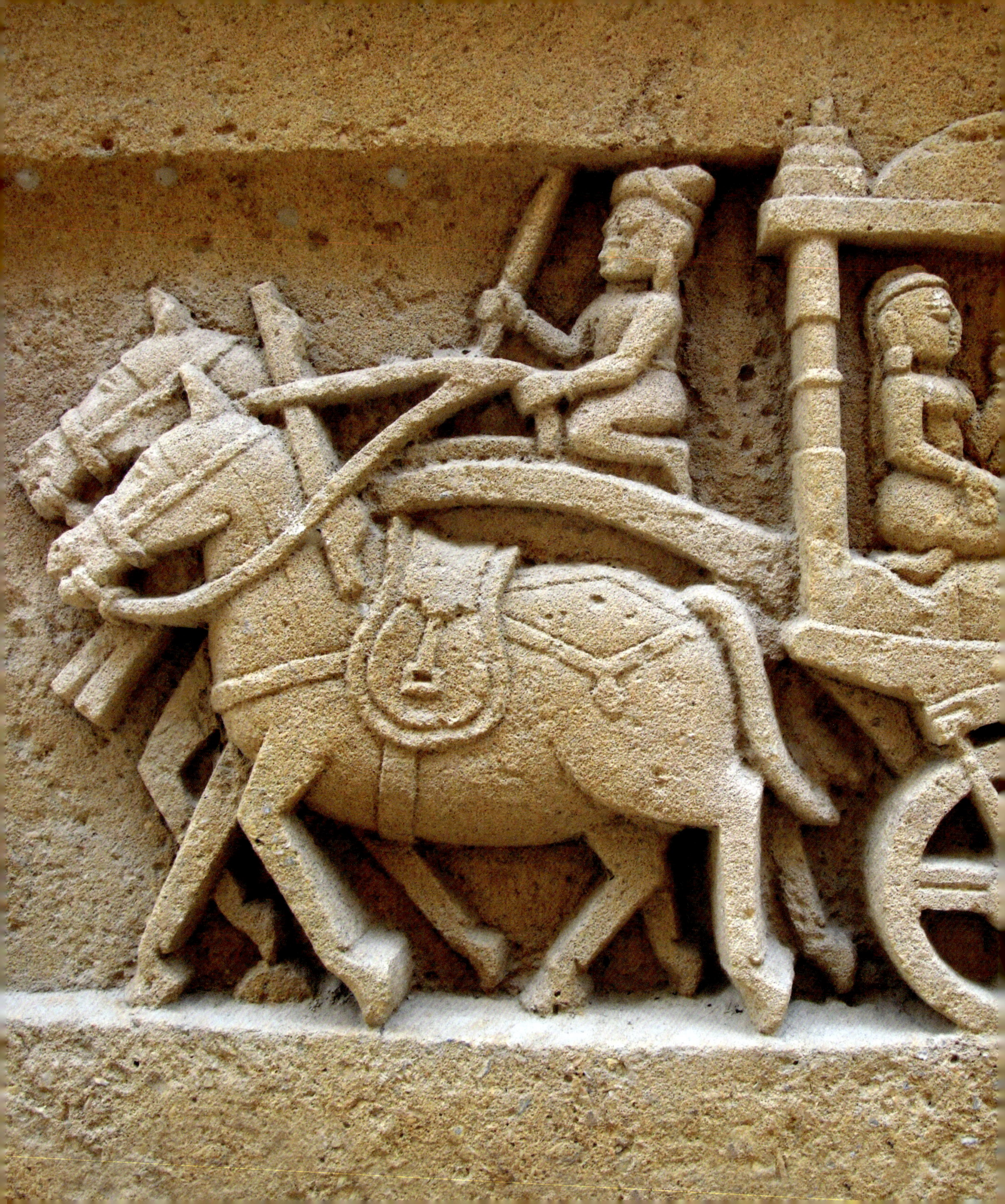

SINNESSEIDE

Durch die Lagunen
des Abendlichts ...

»Lazy Road«

Wir sehen für gut fünf Minuten
Asphalt flimmert im Wüstensand
Die Dürre gehört den Rajputen
(Das hätte ich fast nicht erkannt ...)

Wir denken erhitzt an Australien
Und fühlen doch nur Jetzt und Hier
Die Leere verheißt uns: Nomadien!
Und mittendrin irgendwo wir ...

Kamele vermieten die Höcker
Kein Schweißtropfen feuert sie an
Wer zieht dieser Sonne den Stecker?
(Ein Adler ist gerade dicht dran ...)

Frau Pfau federt über die Straße
Ein Sari macht den Horizont klar –
Wir haben die Menschen verlassen
Für tausend und eine Nacht: »Thar!«

»Tiger-Safari«

Der Tag ist zu früh, um ihn schon zu verstehen
Der Morgen so morgig, die Sonne so schön
Um Gräser und Palmen die Kingfisher ziehen
12 Menschen, 12 Kameras warten auf ihn!

Der Bus hat sein Dach mit dem Himmel getauscht
Die Feldstecher-Front sich an Fernen berauscht
(»Wer so tief ins Glas guckt, sieht irgendwann Wien!«)
12 Gaffer, 12 Top-Touris warten auf ihn!

Man flüstert sich fiebernd nach vorne und ist
sich sicher: Die Raubkatze kennt jede List!
Im Diesel steigt stotternd das Adrenalin
12 Jäger, 12 Stillhalter warten auf ihn!

Die Stellung ist günstig, die Lage gepeilt
12 Blicke sind in die Savanne enteilt
Um zehn ist vorbei, was so greifbar doch schien
Wir fallen ins Bett, und wir warten auf ihn!

»omnimoment«

Leicht und lebendig
Grazil und verzückt
Reif und erotisch
Gehockt und gebückt

Vereint akrobatisch
Verliebt exzessiv
Dazwischen (einmalig!)
Ein Hauch Sodomie(f)

Friedlich und fruchtbar
Sonnig und heil
Zärtlich und gottnah
(Oder nur geil?)

Tänze des Lebens
Gelassen potent
Sinnlich ergeben
Dem Omnimoment

»Die Nuss«

Reisender, kommst Du nach Indien
Und hast auch den Süden verplant
Seist Du, mit Blickrichtung Himmelblau
Kokos-physikalisch gewarnt:

Dort stehen nicht nur Sterne am Firmament
Mit milchigem Mond überm Fluss
Gleich über den buntesten Lampions
Hängt sie: Die gelassene Nuss!

In acht oder zehn Metern palmelt sie
Hat stets ein paar Freunde dabei
Sie scheint hoch zufrieden, doch weiß man nie
Wann fliegt sie sich vertikal frei

Wir frühstückten einst unter ihrem Zelt
Berauscht von der Gischtwellen Klang
Als der Oberkellner im Unterhemd
Uns speiste mit seinem Gesang:

»Kokosnüsse lügen nicht, das kann ich garantieren!
Ich schwör Euch: Sie betrügen nicht – nur bloß nicht provozieren!«*

* »Coconut never cheating«

»goa-meditation«

Der Morgen ist mild, der Windhauch erfrischt
Ein Blumenduft hat sich mit Kaffee vermischt
Es schmetterlingt vor meinen Augen, wie schön!
Und nur ein paar Krähen wollen die Welt noch verstehen ...

Vom Meer kommen Lichter als tanze der Tag
Die Sonne hat schon ein paar Schritte gewagt
Hoch unter dem grüngelben Schmuck-Palmendach
Schält unsere Terrasse sich fein aus der Nacht ...

Dort auf einem Stein hockt ein Hippie und singt
Drei Frauen beweisen, dass Yoga gelingt
Ein Jogger verläuft sich, ein Sikh meditiert
Zwei Möwen ziehen Streife, weil nicht viel passiert ...

Ich lehn mich zurück bis es weiter nicht geht
Bis nur das, was jetzt ist und hier ist, besteht:
Seh Leine, riech Wäsche (Batiks ersten Schrei)
Das Zeitlupen-Wehen der Wäsche macht high!

»Lastlos«

So viel Himmel, so viel Luft, so viel Meer
So viel Einfach, so viel Wenig, so viel Leer
So viel Kokos, so viel Mangos, so viel Chai
So viel Blühen, so viel Samen, so viel Frei

So viel Heute, so viel Sand, so viel Zeit
So viel Sinnen, so viel Selig, so viel Weit
So viel Innen, so viel Ruhe, so viel Mehr
So viel Atem, so viel Atman, so viel Er ...

»south-calangute-chillout«

Die Liegen werden leerer
Die Schatten werden weicher
Sandkörner werden schwerer
Die Farben werden reicher

Die Töne werten fließend
Die Cocktails werfen Wellen
Die Rhythmen werken tiefer
Die Blicke werben Quellen

Die Tücher erben Vögel
Die Polster derbe Gründe
Die Lehnen lernen Wege
Du Lady gerne Sünde …

»Drinks im Beat, Dreams in Trance
Chillout-Flow, Lounge pusht dance
Cosmic Waves, cooler Flash
Longdrink-Kick, Poem-Clash …«

ALISTO'S
EUROPEAN TOILET
AVAILABLE HERE
HYVÄÄ RUOK
KYLMIÄ JUO
MAKSUTON W
AURINKOLAVE
KÄYTTÖ RUOK
JUOMA-ASIAK
TERVETULO

»Greenwoods Bethlehem«

Die Reise war lang, die Wege waren weit
Zur Tempo-Verschärfung war der Zug nicht bereit
Die Sitze waren hart, die Gespräche waren weich
So stehen wir da – schweißgebadet und bleich!

Ihr Lächeln empfängt uns mit-reißendem Strom
Ihr Wesen allein scheint der Anstrengung Lohn
Sie freut sich, indem sie uns leise berührt
Reicht Tee und Papayas – wir sind adoptiert!

Das Zimmer ist einfach – wir brauchen nicht mehr
Aus ihrem Gesicht fließt alles andere her
Sie verneigt sich im Gehen, wir schließen die Tür
Und atmen tief durch – ein Glück, wir sind hier!

Am Abend begegnen wir noch ihrem Mann
Der Glanz seines Blickes zündet unsere an
Die Liebe liegt offen und leuchtet hinaus
Nicht Sommer und Sonne – Jesus wärmt dieses Haus!

»Thali«

Das Metallbrett ist rund
Die Schälchen sind klein
Noch bevor wir sie sehen
Da kellen sie schon ein

Ein Brot kommt geflogen
Der Reis wird zum Star
Es schmeckt! (– Zug von oben:
Die nächste Kelle ist da!)

Wir fallen ins Gemüse
Und baden im Dhal
Die Currygenüsse
(Er)lösen den Fall

Vom Nachbartisch klingt es
Als mundet es auch
Er macht sich publik hier,
Der indische Bauch!

Na gut, lasst uns rülpsen
Und schmatzen im Chor
Denn wer Thali isst
Hat auch Thali im Ohr!

»8 uhr 10«

Die ersten Rinder wühlen im Dreck
Die ersten Räder rollen
Die ersten Paddel wissen schon
Wohin sie heute wollen

Ein Blecheimer spielt Waschbecken
Ein Bart weckt altes Glas
Ein Bettler schläft am Bordsteinrand
Und träumt von weichem Gras

Die ersten Krähen kräkeln sich
Die ersten Fetzen fliegen
Die ersten Fischer bleiben noch
Ein zweites Stündchen liegen

Auch unsere Schraube will noch nicht
Freund Diesel mag nicht starten
Wir müssen auf die Backwaters
Im Frühvorwasser warten

»Die andere Welt«

Grüne Kokosnuss-Idylle säumt den stillen Wasserweg
Wir sind Zeugen einer Fülle, die sich auf die Herzen legt
Kinder winken, Menschen lachen, Land in Licht und Harmonie
Auf den Stufen wird gewaschen ohne Pulver und Chemie

Palmwein-Zapfer können lesen, kennen Arundhati Roy!*
Kommunisten sind's gewesen, bildeten Kerala neu
Bambus-Skipper überbringt uns Ayurvedas Heilsgedicht:
Pflanzen bergen Lebenskunst, Kräuter schenken Gleichgewicht

Fischer finden ihre Muscheln, süßes Wasser speist sie gut
Zwei Süßwasserbüffel tuscheln über die Touristenflut
An den Hainen wuchert Leben, Kautschuk fließt wie weißes Geld
Überzaubert, sinnergeben ... dieser offenen anderen Welt

*indische Schriftstellerin (»Der Gott der kleinen Dinge«)

»Keralalalala«

Rote Bananen als Medizin
Ingwer und Kardamom
Kleingrundgerichte zum Niederknien
Glücksgaumen im Jubelton:
»Keralalalala« ...

Banyan-, Mango- und Brotfruchtbaum
Fische in Nußschalen
Des Vorgarten Eden gewürzter Traum
Mit Sonne zum Ausmalen:
»Keralalalala« ...

Kormoran, flieg, ich begleite dich
Mein Hausboot hat Flügel gar
Durch die Lagunen des Abendlichts
Wo alles noch wächst, wie es war:
»Keralalalala« ...

»Keralalalala« ...
»Keralalalala« ...

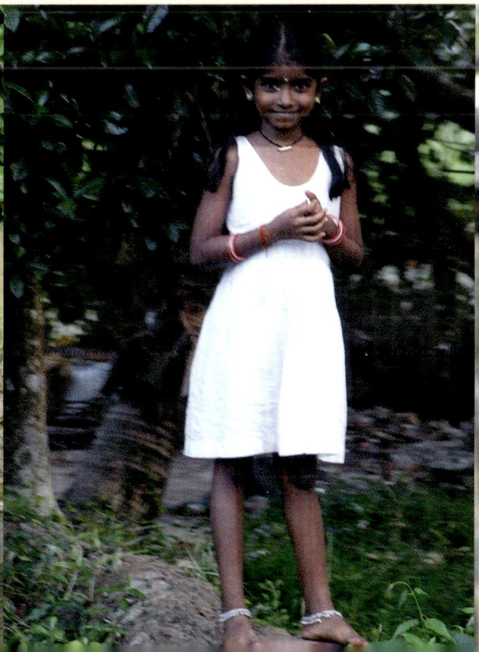
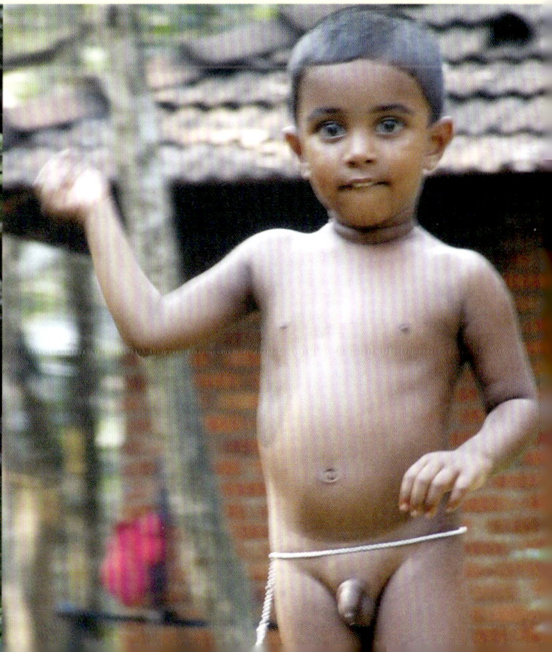

»Genosse Guru«

Rote Fahnen, weiße Strände
Grüne Wedel ringsumher
Ein paar Kirchen, ein paar Christen
Plastikflaschen auf dem Meer

Eine Hocke, eine Hütte
Etwas Feuer, Asche, Rauch
Zwei Touristen – große Güte
(Kleine Spenden nimmt er auch!)

Etwas Wahrheit, etwas Frechheit
Niemand weiß es ganz genau
Löffel Astro, Prise Psycho
Spirituelle Küchenschau

Liest in Linien, liest in Rupien
Alter Zausel, dank Dir schön!
Noch ein Mantra für mein Karma
Scharlatänchen, ich muss gehen ...

»Abendlicht 2«

Und die Wunden werden kühlen, wo die Liebe Einzug hält
Und das Land hinter den Hügeln wird zum ersten Mal bestellt
Und die Sehnsucht wird sich legen, wenn der Fahrtwind zu Dir spricht
Und Du wirst sein Wort verstehen, hier im schönsten Abendlicht ...

मन्दिर में महिलाओं का (मासिक धर्म की अवधि में) प्रवेश
सर्वथा निषिद्ध है। उनसे अनुरोध है कि मन्दिर की पवित्रता
को हमेशा बनाये रखें।
- IMPORTENT NOTICE -
ENTERANCE OF LADIES DURING MONTHLY COURSE PERIOD IS
STRICTLY PROHIBITED. THEY ARE REQUESTED TO MAINTAIN
THE SENCTITY OF THE TEMPLE.
- NOTICE
Foreigner's are al
visit temple on ch
Rs.20/-only per to
• PLEASE CO-OPER

TEMPELATEM

Das Mehr
dieses Morgens erwacht …

»Hinein!«

Raus aus dem Auto
Rein in den Tempel
Raus aus den Schuhen
Rein in den Shrine

Raus aus dem Stickstaub
Rein in den Nektar
Raus aus den Träumen
Rein in das Sein

Raus aus dem Denken
Rein in den Glauben
Raus aus den Fesseln
Rein in den Fels

Raus aus den Zahlen
Rein in die Arme
Raus aus der Masse
Rein in Dein Selbst

»Pushkar«

Heiliger See, schwebender Ort
Weltentrückt hier, freundlich und fremd
Geist auf den Ghats, göttlicher Hort
Andächtig leer – Zeit, die mich brennt

Trommeln in Trance, Hindugesang
Glanzglocken-Nacht, Vishnu versteht
Kreisende Glut, Sehen wird Klang
Und mein Gefühl wird ein Gebet

»chaumukh«

Tritt ein in meine Liebe
Erstrahl in meiner Kunst
Verweil in meiner Gotik
Erwach in meiner Gunst

Nimm Platz in meinem Frieden
Erstaun in meinem Stein
Meditier in meinem Marmor
Sei da in meinem Sein

Besuche meine Wahrheit
Begegne meinem Licht
Berühre die Skulpturen
Und dann berührst Du Dich

»Mantra-Morgen«

Ein Sadhu segnet den Tag
Er singt so sauber gestimmt
Das, was wir verstehen, versagt
Wenn er uns zur Sonne mitnimmt

Hoch über den Gärten der Stadt
Spielt seine Stimme mit Luft
Das Mehr dieses Morgens erwacht
Er sorgt für melodischen Duft

Die mystische Formel wirkt tief
Geträumtes auf Wirkliches trifft
So wie ein gesungener Brief
Dessen Weisheit die Veden verließ
Erklingt Indiens heilige Schrift

»samadhi«

Lass die Gedanken
Halt keinen fest
Achte den Atem hoch
Ohne Verlangen
Ruh ohne Rest
Falle ins Tagesrot

Heil die Gefühle
Kehre zurück
Führ dich vertieft gen Null
Hab keine Ziele
Forder kein Glück
Üb dich froh in Geduld

Schöpf aus dem Leeren
Lös dich vom Ich
»Om« sonnt dich frei vom Joch
Ohne Begehren
Alles und nichts
Fällt in ein weißes Loch

»Der Pilger«

Er misst mit seiner Seele
Den Weg zum Tempel aus
Der Körper folgt ihr eben
Der Geist lässt mit sich reden
Fromm flehend um zu Haus

Er legt sich auf die Straße
Mit allem, was er hat
Mit ausgestreckten Armen
Bittet er um Erbarmen
Weit draußen vor der Stadt

Er lobpreist Gott und Götter
Mit allem, was er hat
Ein Schritt, dann liegt, dann steht er
Ein Schritt, dann liegt, dann steht er
Weit draußen vor der Stadt

»ewigfort«

Die Pilger, in orange gehüllt
Erweisen Shiva Ehre
Sie tauchen ein in Gottes Geist
Der Strom wäscht Sünden fort ...
Die Einzelseele wird gestillt
Luftleicht nach all der Schwere
Sie sind ihr Leben lang gereist
Für diesen einen Ort ...

Brahmanen bieten Segen an
Am Ufer siedeln Sadhus
Drei Bettler kreisen unter mir
Zwei Yogis meditieren ...
Wie randvoll Religion sein kann –
Steinreichtum in der Armut!
Und was nur heute ist passiert
Wird ewigfort passieren ...

»Eine Begegnung«

Der alte Brahmane hat Gleichmut im Blick
Die Wollpudelmütze sitzt seitlich verrückt
Er lächelt uns sanftwarm und würdevoll an
Wie er es mit seinen zwei Zähnen noch kann

Die Blümchen sortiert und die Bändchen zur Hand
Erschließt er uns, wie dieser See einst entstand:
Als Brahman, der Schöpfer, seinen Spürsinn bewies
Und Blüten des Lotos hierher fallen ließ

Er reicht uns die Blumen und weist uns zum See
Und als sie im Wasser, verfließt das Verstehen
Wir sprechen das Mantra, das er mit uns sprach,
Für Frieden und Liebe, so gut es geht, nach

Zurück auf dem Ghat, fällt der Blick auf sein Bein
Die große Prothese lehnt friedlich am Stein
Zwei Krücken wie Zweige, er grüßt unbeschwert –
Der alte Brahmane hat uns viel gelehrt

»Meher BABA«

Prägung durch Eindrücke, Irrformationen
In Selbstsucht verstrickt, blinkt stets ein Ich-will!
Das Schauspiel des Ego muss sich neu vertonen
Das Rad der Begierden steht keinen Tag still

Im Bann der Werter, Vergleicher, Erwarter
Wird Bewusstsein gebunden, Zwang gießt Geist in Blei
Im Ich gefangen, als Sich-Selbst-Beatmer
Gibt die Außenwelt das Gemüt niemals frei

Durchs Licht der Einsicht brennt froh Deine Quelle:
Der innere Bezirk von Dasein und Sinn
Du schmeckst das Meer im Geschmack jeder Welle
Eine bist Du! Schäume zeitlos dahin!

Dich erforscht Wahrheit, lass sie Dich erlösen
Entsage, er-faste, dien selbstlos, vergib
Öffne Dich fließend den höheren Strömen
Jenseits der Zweiheit wird Leben erliebt

Meher Baba (1894-1969) gilt als einer der großen spirituellen Lehrer Indiens. Unter seinen Schülern wird er als »Avatar« angesehen: die Offenbarung Gottes in menschlicher Gestalt auf Erden (wie Christus oder Buddha).

»Das Blatt«

Was war, das war
Was ist, das ist
Was wird, das wird
Wo Du auch bist

Was liebt, ist gut
Was hasst, braucht Zeit
Was will, will nur
Glückseligkeit

Was gibt, empfängt
Was rafft, wird eng
Was Wert vergleicht
Wird hart und streng

Was freut, befreit
Was fühlt, verspricht
Ein Blatt im Laub
Wird Weg zum Licht

»Amma (Feuerfluss der Liebe)«

Aus den Tristen des Alltags
Aus der Suche nach Mehr
Aus dem Dickicht der Wege
Strahlt sie wegweisend her

Aus der Sehnsucht nach Einheit
Aus der Irrungen Lauf
Aus den dichtesten Nebeln
Schwebt sie heilend hinauf

Sanfte Pfade, die sie bahnt:
Sie umarmt, sie umarmt
Bittend, dass Er sich erbarmt:
Sie umarmt, sie umarmt

Aus dem Grau der Verschläge
Aus dem wunden Gestank
Aus dem leeren Getöse
Hebt sie segnend die Hand

Aus der Kälte der Kasten
Aus der Untersten Los
Aus der dunkelsten Asche
Steigt ihr Feuer ganz groß

Sanfte Pfade, die sie bahnt:
Sie umarmt, sie umarmt
Betend, dass Er sich erbarmt:
Sie umarmt, sie umarmt

Amma (»Mutter«) ist eine der wenigen weiblichen Gurus Indiens. Sie umarmt während ihrer Zeremonien die Menschen (nicht nur in Indien, sondern weltweit!)

»sonnenuntergangs-gebet«

Preis Gott für das Licht, den Himmel in Gold
Der Zierwolken Form, von Winden gewollt
Den Schleiern so fern, in seidenem Gewand
Knie ruhig vor der Nacht, dem Berg und dem Land …

Dank Gott für die Zeit, das Wunder vom Hier
Den wahrsten Moment, das Jetzt um das Wir
Ehr Wald, Bach und Tau, die Tiere, den Stein
Und lob mit der Luft jeden Atemzug Sein …

»Die Entdeckung«

Da sitzt ’n Buddha auf meiner Schulter
Und lächelt still auf meinen Arm
Ich glaub, der geht da nicht mehr runter
Schon seit ’ner Stunde hockt der da

Hab keine Ahnung, was er noch vorhat
Würd ihn gern fragen, doch trau mich nicht
Ob ihm ein Foto wohl etwas ausmacht?
Er hat so’n friedvolles Gesicht

Ich will mich lieber mal nicht bewegen
Ich glaube fast, er meditiert
Das würde er mir übelnehmen
Wenn er jetzt unterbrochen wird

Ich bleib, wie er, ganz ruhig hier sitzen
Denke an nichts außer an ihn
Ich könnt’ seine Versenkung nützen
Und selbst ein Stück nach innen ziehen

Da sitzt ein Buddha auf meiner Schulter
Er lächelt still auf meinen Arm
Ich spür, er geht da nicht mehr runter
Vielleicht bleibt er für immer da

»Abendlicht 3«

Und das Starre wird sich lösen, traust Du dieser neuen Flut
Und Verwandlung wird geschehen, kalte Asche wird zu Glut
Und Gedanken werden leerer, schmückt die Wärme Dein Gesicht
Und der Tag wird zum Verehrer, heut' vom letzten Abendlicht ...

WEGESWUNDEN

Die Fragen überwiegen ...

»Monsun 2«

Die Dünen sind feucht vom Regen des Tages
Gebete empfingen den ersten Monsun
Das Dorf lacht aus Lehm, dankt Lakshmi und Ganesh
Kein Sorgenverkäufer hat mehr was zu tun

Die Sonne scheint kühler als noch in den Nächten
Als Leinen zerflossen in sandigem Schweiß
Wenn sich Blütenwolken am Himmel verflechten
Dann gibt es schon bald wieder Linsen und Reis

Sie haben so lange auf Regen gewartet
Befreiung ersehnt aus strohdürrem Staub
Die Götter haben endlich die Wüste beatmet
Die Menschen gesegnet, die an sie geglaubt

»Kinder Gottes«

In die Hoffnung neugeboren
In die Liebe investiert
Fern der Mitte, früh verloren
Lebenslänglich unberührt

Eine Zukunft voll Talentkraft
Freies Land für sie und dich
Doch am Abgrund der Gesellschaft
Sieht man deine Schritte nicht

Eingelagert, ausgestoßen
Abschaum sucht in Klebstoff Trost
Vor dem Blühen verwelkte Rose
Ohne Erde, kastenlos

»Links liegen«

Mal fällt es schwer, oft viel zu leicht
Die Fragen überwiegen
Ich geh nach rechts, wenn es mir reicht
Und lasse sie links liegen

Sie kommen still, gebückt und wund
Ich sehe ihre Hände
Ich fühl mich ziemlich ungesund
Und esse schnell zu Ende

Ich bin mir fremd, wenn ich mich stur
In Gesten dran gewöhne
Seh manchmal peinlich auf die Uhr
Und hasse, was ich gebe

Wenn Menschen vor den Tränen fliehen
Wird Urlaub nicht genügen
Ich muss nach rechts, wo Blumen blühen
Und lasse sie links liegen

»Netravati Express«

Wäsche trocknet auf Gleisen
Am Bahnhof verwest eine Kuh
Müll dampft am Damm ...
Wellblech will Bast was beweisen
Ein Mann hört dem Zug nicht mehr zu
Der Blick wird klamm ...

Kinder spielen auf Steinen
Das Kabel des Starkstroms spielt mit
Da fliegt der Ball ...
Blumen an rostigen Weichen
Weil er aus den Händen entglitt
In freiem Fall ...

Feuer lodern an Gleisen
Der Bahnsteig wirkt düster und kalt
Signal auf rot ...
Drei Hunde heulen sich heiser
Zwei Suchtkranke schütten sich alt
Hier hält der Tod ...

»Romantik«

Der Strom fällt aus, der Darm fällt aus
Drei Kabel quellen raus
Die Dusche kalt, der Boiler alt
Ich schmunzle mit Gewalt
Das Handtuch stinkt, das Laken winkt
Ein Tierchen vorwärts dringt
Die Spülung streikt, das Fernsehen schweigt
Die Röhre hat vergeigt

Das Bett ist hart, kein Schlaf am Start, das Dhal ist lau und fad
Das Klo ein Loch, kein Sitz und doch: Ich schaff die Hocke noch!
Kein Klopapier, kein Fenster hier, viel Kopfschmerz und kein Bier
Moskitos ziehen, ich möchte fliehen nachtnebelig nach Prien*

Die Luft ist heiß, viel Achselschweiß, zwei Ratten riechen Reis
Dreh »Klima« auf, Lärmpegel rauf (wie'n Turbo-Power-Lauf)
Geh bis zum Rand: Verfluch das Land! Vertrimm die grüne Wand!
Ein Vogel sieht: »Der braucht ein Lied« – Und neuer Morgen blüht ...

* Kurort am Chiemsee

»sariska«

Im Nationalpark grasen wieder zahme Kühe
Die Affen wirbeln durch den Tag wie nie vorher
Die Antilopen-Angst muss sich nicht mehr bemühen:
In Nord-Sariska gibt es keine Tiger mehr!

Die Elefantenbabys werden alle größer
Kranke Gazellen leben weiter, wenn auch schwer
Wildlife-Touristen werden langsam immer böser:
In Ost-Sariska gibt es keine Tiger mehr!

Die Felle hängen in den Schlössern und Palästen
Trophäenwütig war das koloniale Heer
Heut stehen die Erben vor den unsichtbaren Resten:
In Süd-Sariska gibt es keine Tiger mehr!

Die Blumen blühen bunt, die Hirsche recken Hälse
Die Welt fließt friedlich, wenn auch irgendwie so leer
Am kleinen Teich bezeugen Löcher in den Felsen:
In West-Sariska gibt es keine Tiger mehr!

»geißel gier«

Eine Hand wäscht die andere
Und trocknet sie danach noch ab
Doch wo sie auch waschen und wandern:
Das Salz für die Märsche wird knapp!

Ein Mikrofon predigt Wasser
Und schwimmt währenddessen im Wein
Die Worte des Friedensverfassers
Gehen nicht in die Gegenwart ein

In Palästen des Bürokratismus
Sind feuchtfaule Flure verschmiert
Durchschimmelt von Rupienismus
Das Volk hat es so formuliert:

»Hier gibt's nicht nur viele Rindviecher
Mehr Hunde – aus triftigem Grund:
Man sagt, ein korrupter Politiker
Wird im nächsten Leben ein Hund!«

»arrangement«

Wenn sie ihn sieht,
bleibt sie allein
Er lächelt sie scheu an
Die Blicke dürften
gar nicht sein
Die Angst
hält die Bewegung klein
Sie blinzelt,
wenn sie kann ...

Er ist ein Fischer aus dem Dorf
Ein schöner, junger Mann
Sucht er nach Muscheln, ist sie dort
Singt er vom Glück, wiegt sie sein Wort
Und freut sich, wenn sie kann ...

Sie trafen sich an einem Tag
Unterm Bahnübergang
Die Herzen wie im Panikschlag
Die Küsse als Geheimvertrag
Sie betet, wenn sie kann ...

Am Ufer gehen für heute Nacht
Die ersten Feuer an
Sie liegt, von Sehnsucht überdacht
Stumm wartend mit dem Vollmond wach
Und weint still, wenn sie kann ...

Sie heiratet viel Grundbesitz
Im Winter irgendwann
Wird Kinder haben von 'nem Witz
Die Sache ist schon längst geritzt
Sie hängt sich, wenn sie kann ...

»varanasi«

An Deinen Ghats, in Deinen Wassern
Mit Deinen Tempeln, durch Deinen Geist
Vor den Brokaten, über den Feuern
Kraft der Gebete, ewige Zeit

An Deinen Säuren, in Deinem Rinnstein
Mit Deiner Armut, durch Deinen Schlot
Vor Deinem Kollaps, über Fäkalien
Moderverkrustet, klebriger Tod

»pferdemensch«

Sein verrotztes Leinen
Hält gefangener Schweiß am Kopf
Füße, Schwielen, Zehen
Knochen
In Pergament-Papierhaut geschlagen

So steht er da
Zwischen den Deichseln
Lächelt zahnlos
Wie ein Zaumzeuge

Dann
Legt er sich ins Geschirr
Zieht keuchend, spannt ruckend
Läuft los

Ich sitze
Schweigend
In seiner Kunstlederkutsche
In der er sonst
Lebt

»die witwe«

Eine Existenz
Als Last
Eine Berechtigung
Ohne Recht

Eine Elende
Am Rand
Eine Familie
Als Tritt

»von glück«

Ich bilde mir ein
Ich kann noch
Von Glück schreiben

Trotz allen Dunkels
Trommelnder Trakte
Trotz Schattenseuchen
In berührbarem Bunt

Trotz
Flederratten
In blutleeren Räumen

Trotz und aufgrund

»Abendlicht 4«

Und die Dünen werden wandern, nimmt der Wind sie an die Hand
Und die Zeit schwemmt uns an Land an für mehr Herz und mehr Verstand
Und die Wege werden sich weiten, blüht noch Geist durch mein Gedicht
Und sein Klang wird uns begleiten bis ins letzte Abendlicht …

SCHWERELÖSER

Ein Abend wie bestellt …

»fernhill ooty«

Über den Autos, unter dem Tee
Zwischen den Hügeln tut nichts mehr weh
Fernab der Städte, abseits der Gier
Auf der Veranda, federleicht hier ...

Schön, wieder mal eine Fliege zu hören
Lass mich vom Duft einer Blüte betören
Schmecke den Honig, lächle ins All
Schließe die Augen – was für ein Schwall

Wie Eukalyptus fein zieht um das Haus
Rosenöl kennt sich mit Gänsehaut aus
Wie die Zypressen nett grüßen im Wind
Ich winke zurück – es ist gut, wo wir sind ...

Über den Bussen, hinter dem Zaun
Dürfen fünf Sinne fünf Sternen vertrauen
Jenseits des Anschlags auf Geist und Gemüt
Lebt die Erkenntnis: Das Herz Indiens blüht!

»Monsunwolken«

Monsunwolken sind frecher formiert
Monsunwolken sind praller postiert
Sie kriechen gebirgig die Täler hinauf
Sie falten den Himmel grob säuberlich auf
Monsunwolken sind wild ambitioniert

Monsunwolken sind bunter geplant
Monsunwolken sind sonnig verzahnt
Sie tragen die Farben des Lichts am Revers
Sie bringen die Bögen von überall her
Monsunwolken sind endlich wieder wer

Monsunwolken sind baumwollgekämmt
Monsunwolken kennen ihr Element
Sie warten erst grummelnd, bestellen ihr Haus
Dann schütten sie sich über Dörrböden aus
Monsunwolken kommen heute ganz groß raus

»Jaisalmer«

Du warst belagert, Du warst vergessen
Du blühtest auf und Du verkamst
Ein warmer Fels hat dich vermessen
Ein goldenes Fort dich eingerahmt

Du bist verziert mit Prunkpalästen
Jain-Tempel schmücken deinen Kern
In deinen schmalen Gassen-Resten
Sind die Jahrhunderte nicht fern

Fassaden alter Kaufmannshäuser
Betören prachtvoll jeden Blick
Die Erker, Pavillons, Balkone
Nehmen mich auf die Reise mit

Dein Ausverkauf hat längst begonnen
Dein Stolz wich »German Bakeries«
Kramhändler haben Dich übernommen
Als Dich Mogulen-Mut verließ

Blechkarawanen liefern Plastik
Nichts mehr mit »Pfeffer per Kamel«
Du schluckst die Beute viel zu hastig
Du heidelbergst. So schlägst Du fehl!

»Heritage Hotel«

Die Ruhe der Räume
Die Farben, das Holz
Die offenen Bögen
Stilsicher und stolz

Die Weite des Zimmers
Der Teppich, das Glas
Zum Innern der Höfe
Des Maharadschas

Die Fülle der Lichter
Die Bilder, die Zeit
Der Plüsch lädt zum Pläuschchen
Tupft Vergangenheit

Auch hinter der Schwenktür
Hat sich nichts getan:
Ein lächelnder Diener
Wie vor hundert Jahren

»Am Fluss«

Die Sonne geht auf in Agra am Fluss
Zwei Hunde sind früh, kein Auto, kein Bus
Ein Lautsprecher ruft aus der Ferne nach Gott
Im Nebel verklärt das Verklärteste noch

Der humpelnde Händler gähnt suchend im Kreis
Ein Feuer wärmt Huren und Heilige gleich
Vergessen die Lügen, der Lärm und die Last –
Am Ufer schwebt heilend der Kronenpalast:

Wer malen kann, malt nicht
Wer schreibt, senkt den Stift.
Wer Herz hat, schaut leise
Auf alles, was ist.
Wer spricht, wird verstummen
Wer liebt, lässt sich ein.
Der Bann dieses Zaubers
Lässt nichts mehr so sein.

Die Sonne geht auf in Agra am Fluss
Ein Bettler ist früh, als hätt er's gewusst
Der Tag öffnet still wie zu Bethlehems Stall
Das Abbild der Liebe erwacht: Taj Mahal

»unter dem foster's-Baum«

Das kleine Café hat die Segel gesetzt:
Es lockt schon mit Filterkaffee
Menschen auf Plastik haben Messer gewetzt
Im Rund der Arabischen See

Die Tische sind bunt, der Garten ist wild
Die Vögel spielen wie im Traum
Der Morgen am Meer beginnt müslimild
Unter dem Foster's-Baum ...

Ein Kellner schlurft lässig in unseren Bezirk
Durchlächelt die Karte für uns
Die Zeit bis zum Toast und dem Spiegelei wirkt –
Das langsamste Frühstück ist Kunst!

Der Schrei eines vorletzten Schoko-Croissants
Lässt weder Wünsche noch Raum
Und doch schwärmen wir schon von Tiger-King-Prawns
Unter dem Foster's-Baum ...

»old goa«

Wie Leuchttürme des Glaubens
Verteilt im nahen Rund
Ein Kirchenpark des Staunens
Im Kolonialverbund

Einst hatten Portugiesen
Goa verlissabont
Pferde und Jesuiten
Verschickt gen Horizont

Die Schiffe immer fetter
Strohdürres missioniert
Dorf-Babas zu Weltstädtern
Wohlhabend expandiert

Man sprach vom »Rom des Ostens«
Mit Erzbistumes Sitz
Heut nicht mal mehr ein Römchen –
Gottes Kleingrundbesitz

»Leben«

Palmen recken ihre Hälse
Fönen froh ihr volles Haar
Hütten stehen stumm auf Stelzen
Jede ein Bamboo-Altar

Restaurants werben mit Fischen
Scharfes Schwert prangt vorne dran
Mägen liegen auf den Tischen
Zünden früh die Feuer an

Hände locken mit Massagen
Kriechen unter jede Haut
Kleine Läden wie Plantagen
Preisen Ayurvedakraut

Bässe laufen über Klippen
Rhythmen ziehen ihre Bahn
Alles pumpt zur einen Mitte:
Wahrhaft Leben zu erfahren ...

So auch Du und ich und wir
Sinnesgegenwärtig hier
So auch Falter, Farn und Feen
Sich nach Leben umzusehen

NAVY

»Manish«

Manish schaut uns freundlich an
Tamilenbraun sind seine Züge
Er nickt »Yes Sir«, strahlt und dann
Kann nur sein Leuchten uns genügen

Kleiner Mann mit grauem Schnauz
Kreisrundem Kopf auf rundem Körper
Geht mit stolzem Gang voraus
Wie ein treuer Flachland-Sherpa

Sein Schritt nimmt uns an die Hand
Damit wir mehr vom Weg verstehen
Bäume, Blüten, Gartenland –
Wir lernen schweigend langsam gehen

Auf der Eukalyptusfarm
Ist Demut Geschäftsgebaren
Simple Welt hält uns im Arm
Manishs Reichtum zu erfahren

»Mond über Mumbai«

Spielende Gräser, wehende Kinder
Oasengrün im Grau
Ein Weihnachtsmann blinkt, Papayas im Winter
Kein Kuss wird daraus schlau

Schlafende Zeitung, Buchstaben-Augen
Ein Garten für die Welt
Das Pärchen hebt ab, die Vögel vertrauen
Ein Abend wie bestellt

Pickende Alte, lachende Krähen
Samtwind hat sie belohnt
Hoch über dem Schaukeln, dem federnden Gehen
Sonnt sich der Currymond

»Darjeeling Hills«

Sie wuchern aus gemaltem Grün
Sie schenken Poesie ein Zelt
Sie steigen aus dem Städte-Brühen
Und schwingen sich zum Dach der Welt

Sie schmücken sich mit Orchideen
Aus Rhododendren wächst ihr Duft
Sie baden in Terrassen-Tee
Sie sind der Atem und die Luft

Im Sommer hüllt sie Nebel ein
Die Regen bringen neue Frucht
Dann können sie verschlafen sein
Und sind vor Blicken auf der Flucht

Im Winter quellen sie klarstes Licht
Lobpreisen Gott, Lord Buddha King
Sie übertrumpfen jede Sicht
Die Hügel rund um Darjeeling

»Tag ohne Plan«

Hab nichts vor, bin nur hier
Himmel und Hölle hinter mir
Ungeahnt … ist das ein Tag ohne Plan …
Regen fällt, lass ihn fallen
Stunden wollen nur verhallen
Hab nichts getan … für den Tag ohne Plan …

Sitz wie Wachs im Café
Schau mich um in meinem Tee
Sonderbar … ist so ein Tag ohne Plan …
Fenster tropft, schön und gut
Warte, was das Licht so tut
Heute mal … an diesem Tag ohne Plan …

Schlendre schlicht durch den Ort
Trag ein paar Gedanken fort
Einfach klar … macht so ein Tag ohne Plan …
Geb dem Kopf hitzefrei
Spring wie'n Kind durchs Einerlei
Und spür mich da ... dank diesem Tag ohne Plan

Ich leb in ihn rein, ich lebe ihn aus
Und morgen leb ich planlos aus ihm raus …

»Abendlicht 5«

Und der Himmel wird Dich lenken, weil die Farben Dich berühren
Und den Druck, noch nachzudenken, wirst Du dankend nicht mehr spüren
Und Du wirst von Glück erfüllt sein, wenn ein Funke in Dir bricht
Nur von Gegenwart umhüllt sein, still im letzten Abendlicht ...

7
LIFE
GUARD

JEMANDSLAND

Mögen die Flüsse dich führen …

»Mandovi Express«

Ein Tag im Zug, ein Land im Blick hinter getöntem Glas
Wir rumpeln uns mit viel Geschick zur Küste Keralas
Ein Inder schläft, elf andere auch, halb Indien entgeht
Dass draußen, fern von Stadt und Staus, Groß-Göttliches entsteht:

Ein Palmenhain, ein klarer Fluss
Ein Grün aus Frucht und Reis
Ein Blumenfjord, der uns bewusst
Schon seinen Duft verheißt ...

Ein Tempeldorf, ein Mangoteich
Ein safrangelbes Dach
Ein übermoostes Nebengleis
Spielt mit den Steinen Schach ...

Ein Haus aus Halm, ein Kind, das winkt
Ein Leuchten der Natur
Ein Glück, das aus sich selbst entspringt
Auf weiter Farben-Flur ...

Ein Tag im Zug, ein Lunch riskiert, ein Steiß setzt sich zur Wehr
Die Chai-Luft ist klimatisiert, zwölf Stunden für das Meer!

»hochweißgeboren«

Ich fühl mich hier manchmal verloren
Zu klein, weil zu hochweißgeboren
Sie wollen mich ständig berühren
Bestaunen und fotografieren

Ich hör schon, wie sie mich umschleichen
(Den hochweißgeborenen Reichen)
Sich zügig heran an mich tasten
Und auf meinen Zeitresten rasten

Dann reichen sie Hände und Hälse
Und rücken mir eng auf den Pelze
Sie fragen ganz frei nach dem Namen
Nach Land und nach Frau und Examen

Warum ich alleine verreise
(Für sie ganz unglücklicherweise)
Und nicht mal verheiratet wäre
Und ob ich es ihnen erkläre

Sie schauen sich gar an, was ich schreibe
Wohl ahnend, dass ich übertreibe –
Doch kein Vers ist hier übertrieben:
»Neun Wochen sind alle geblieben!«

»Mythos«

Schuhputzsklaven: Kinder
Mitgiftmorde: Frauen
Mitgiftmörder: Männer
Äcker ohne Bauern

Skelettenroste: Hunde
Straßenrücks Verwesung
Betelnuss in Lumpen
Marmorlobby: Lesung

Akten-Akne: Ämter
Bürokratie: Die Pest
Korrupte Zahlen-Zwerge
Gerümpel-Everest

Abgrundtief im Fortschritt
Gandhiji? Legende!
Hungerwelt der Träume
Indien und kein Ende

»currymund«

Wenn der Abend so duftet
Wie bei Shah Rukh ge(kh)ahnt ...*
Wenn das Räucherwerk schuftet
Tempelwege sich bahnt ...

Wenn Samosas sich aalen
Nach dem Dampfbad im Fett ...
Wenn die Gassen erstrahlen
Als blieben die Schatten im Bett ...

Wenn das Chaos Routine
Wenn gar Herz, Hand und Miene
Indisch aufgehen wie der Lotos im Feld ...

Wenn Mixed-Veg und Chapati
Neuscharf eingehen den Bund
Suchen Lippen voll Lassi
Nur noch Dich: Currymund!

* Shah Rukh Khan, indischer Schauspieler

»es ist«

Es ist immer anders als alles was ist
Es ist so erwartungs-verkehrt
Das Gegenteil von dem, was Du schnell vergisst
Es bleibt so erkenntnis-verquer

Es ist noch verquirlter als Leben an sich
Wächst durch seine Vielfalt ins Eins
Es ist in der Masse noch dichter als dicht
Mit flutendem Herz wie sonst keins

Es ist immer tausendfach fremder als fremd
Die Vorstellungskräfte sind nichts
Wenn es dich im Feuer zu seinem Ton brennt
Spürst du erst den Klang seines Lichts

Chake De India
CNG
RECNG
HORN PLEASE

മെമ്മോറിയൽ
ലൈബ്രറി & റീഡിംഗ് റൂം
കൽവത്തി, കൊച്ചി 1

»Dazwischenzeit«

Wer in Indien nicht weint
Der lacht
Dazwischen ist Staunen

Wer in Indien nicht schreit
Der schweigt
Dazwischen ist Atmen

Wer in Indien nicht weiß
Der glaubt
Dazwischen ist Fühlen

Wer in Indien nicht fragt
Der fliegt
Dazwischen ist Lernen

»Archaisches Bild«

Das All dieses Abends, der Schwarm Papageien
Der Nachklang des Tages, der leuchtwarme Stein
Das Sehnen der Wolken, erhaben und mild
Erwidern in mir ein archaisches Bild

Der Mond meines Meisters, die Tempel in Gold
Die Kraft tiefen Geistes, der Stille ganz hold
Das Wissen um Weisheit, in Körper gehüllt
Erflüstern in mir ein archaisches Bild

Die Wege des Wassers, die Fälle zum Meer
Die Schlucht steten Tropfens, ihr wildes Woher
Der Sund fernen Lächelns, mit Liebe gefüllt
Eröffnen in mir ein archaisches Bild

Die Quelle des Atman, das Göttliche Selbst
Das Flötenspiel Krishnas fernab von der Welt
Die Pfade nach innen, zur Wahrheit gewillt
Erschließen in mir ein archaisches Bild

»Namaste«

Land der Verschläge, heiliges Land
Land der Beträge, lass mich von der Hand
Land der Bedrängnis, beklemmendes Land
Land der Erkenntnis ... bleibst doch unbekannt

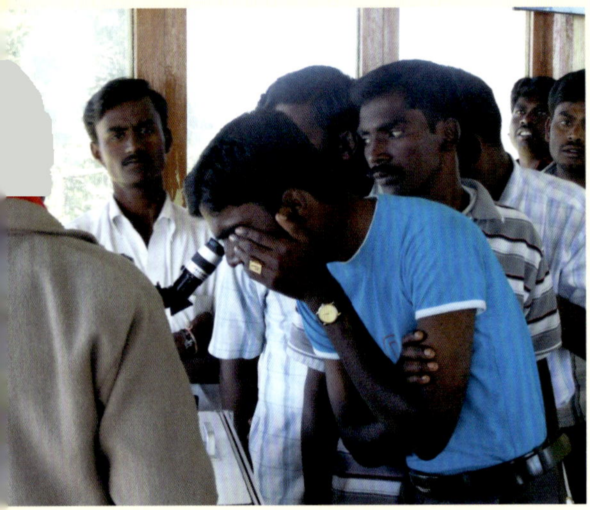

Land der Geschmierten, suchendes Land
Land der Verirrten auf neuestem Stand
Land der Extreme, zweipoliges Land
Land tief im Leben, bis über den Rand

Land an der Schwelle, stürzendes Land
Land in den Schnellen, in Fluss und in Brand
Land voller Gleichnis, wideres Land
Verstörtes Geheimnis, lass mich von der Hand

»Rückbesinnung«

Weil Indicn sich verliert
In
Egoismus, Materialismus, TATAismus

Wird es sich
In
Stillbarer Sehnsucht nach Seele

Wiederfinden

Als religiöses Kraftland
In
Der Schönheit, Sinnhaftigkeit, Liebesfähigkeit
Und Gottergebenheit

Seiner Selbst

»so viel«

So viele Sterne wie Blumen im Haar
So viele Regentropfen wie Kinder
So viele Berggipfel wie Namaskars
Freifluss der Farben

So viele Sehnsüchte wie leuchtendes Grün
So viele Reiskörner wie Träume
So viele Nachtlichter wie Melodien
Antwort in Atem

So viele Götter wie Würze im Wind
So viele Mosaike wie Hände
So viele Karmas ... wie Ursachen sind
Schweigend und wartend

»indischer segenswunsch«
(meiner Mutter gewidmet)

Möge der Lotos Dir blühen
Auf leuchtenden Wegen
Mögen die Nebel sich lösen
Der Sonne entgegen

Mögen die Flüsse Dich führen
In fruchtbare Weiten
Möge im Flug Deiner Schritte
Dein Schöpfer Dich leiten

Mögen die Farben Dich finden
Als Teil des Gemäldes
Möge Dein Tempel der Sinne
Sich mit allem vermählen

Möge der Wind Dir ein Freund sein
Und Dich halten von hinten
Mögen die Schatten sich lichten
Und sich nicht an Dich binden

Möge nur Liebe Dich tragen
Ihr Glanz Dich umschweben
Mögest Du heut und für immer
In Dankbarkeit leben

Der Autor

Rainer Thielmann, geboren 1965 in Hagen, lebt im Chiemgau. Als Textdichter arbeitet er u.a. für Udo Jürgens. 2003 erschien sein erster Foto-Gedichtband »Lyrisches Australien« (Reiselyrik Verlag), 2004 die CD »Zwischen den Meeren« (Greenhill Media), auf der er erstmals als Sänger zu hören ist. Seit 2005 diverse Engagements mit der Live-Diavisions-Schau »Zwischen den Meeren«. Der Künstler verbindet darin Bilder, Musik & Poesie zu einem visuellen Konzert. Auf Einladung des Goethe-Instituts und der Deutschen Botschaft trat er damit auch in Australien auf.

www.indienvoninnen.de

Dank

»In Indien habe ich die glücklichsten und die traurigsten Momente meines ›Lebens unterwegs‹ erlebt. Das Land bietet einen unendlichen Fluss an Eindrücken und Inspirationen. Doch erst nach der zweiten längeren Reise 2007/2008 wurde klar, dass eine gezielte Auswahl an Texten und Bildern die gesammelten Erfahrungen authentisch transportieren konnte. Bis zur Fertigstellung war es ein langer Weg. Ich danke Ihnen, liebe Leserin und lieber Leser, dass Sie meine künstlerische Arbeit mit dem Kauf dieses Buches unterstützen.«

Ihr

E-Mail: rainer@indienvoninnen.de

»Danke für alles, Bea!«

www.antwort-astrologie.de

»Danke an meinen tollen Fahrer & Freund Rakesh!«

www.myspace.com/himanshutours

Zudem danke ich: Andy Horn für »Abendlicht«, Andrea Barth für die Grafik, allen Lichtern Indiens ...

»Ich unterstütze die private Initiative ›Förderverein Kinder Indiens e.V.‹. Wir durften die Waisenkinder persönlich in Kerala kennenlernen und konnten uns vom Erfolg dieses Hilfsprojekts überzeugen.«
www.kinder-indiens.com

Bildnachweise

Titel: Taj Mahal, Agra
Rückseite: Marmormausoleum, Fatehpur Sikri

S. 2:	Purana Qila, Delhi
S. 3:	Botanischer Garten, Kalkutta
S. 4:	Ayurveda-Massage-Salon, Pushkar
S. 5:	Sandhügel, Puri
S. 6:	India Gate, Delhi
S. 8-11:	Delhi
S. 12:	Händler in Jodhpur & Kota
S. 13:	Dabbawallah & Taxifahrer, Mumbai; Packer, Fort Kochi
S. 14:	Lkw, Alleppey
S. 15:	Kuh, Kota
S. 16:	Jehangir Mahal, Orcha
S. 17:	Stadtpalast, Jaipur
S. 18:	Lampenschirme, überall
S. 19:	Gateway of India & Flora Fountain, Mumbai
S. 20:	Hindu-Hunde, überall
S. 21:	Howrah-Brücke, Kalkutta
S. 22:	rollende Räder, überall
S. 23:	Backwaters, zwischen Alleppey und Kollam
S. 24:	Jain-Tempel, Lodhruva
S. 26:	Dünenlandschaft nahe Khuri
S. 27:	Im Ranthambore Nationalpark
S. 28:	Khajuraho
S. 29:	Kokosnuss-Drink, Fort Kochi
S. 30-32:	Palolem Beach, Goa
S. 33:	Palolem, Goa; Calangute Beach (unten)
S. 34:	Greenwoods Bethlehem Guesthouse, Fort Kochi
S. 35:	Thali, überall
S. 36:	Chinesische Fischernetze, Fort Kochi
S. 37:	Backwaters, Fort Kochi
S. 38:	Süßwasser-Muschel-Gericht, Kerala
S. 39:	Kathakali-Tänzer, Fort Kochi & Backwaters
S. 40:	Alleppey; Fort Kochi
S. 41:	Backwaters zwischen Alleppey und Kollam
S. 42:	Jain-Tempel, Lodhruva
S. 44:	Strand-Tempel, Mamallapuram; See, Pushkar
S. 45:	Jain-Tempel, Ranakpur
S. 46:	Sadhu am Jagdish-Tempel, Udaipur
S. 47:	Goldener Tempel, Amritsar
S. 48:	Sri Ranganathaswamy Tempel, Trichy
S. 49:	Am Ganges, Varanasi; Shiva-Statue nahe Delhi
S. 50:	Pushkar
S. 51:	Goldener Tempel, Amritsar
S. 52:	Rewalsar See
S. 53:	Amma-Shop, Kerala; Sri Meenakshi Tempel, Madurai; Blumen-Altar, Kumbhalgarh Fort
S. 54:	Sri Meenakshi Tempel, Madurai; Nataraja Tempel, Chidambaram (unten links)
S. 55:	Taj Mahal, Agra
S. 56:	Buddha-Statue, Darjeeling
S. 57:	Fort, Jaisalmer
S. 58:	nahe Trimurti Höhlen-Tempel, Mamallapuram
S. 60:	Reis, überall; Dünen, Khuri
S. 61:	nahe Jaisalmer
S. 62:	am Jagdish Tempel, Udaipur
S. 63:	Bahnhof Mettupalayam
S. 64:	»Hotel«-Zimmer, Khuri
S. 65:	Affen, Ranthambore Nationalpark
S. 66:	Rattentempel Karni Mata, Deshnok
S. 67:	Werbe-Flyer, Varkala; Fischer, Kerala
S. 68:	Straßenszene, Varanasi
S. 69:	Rikscha-Fahrer, Kalkutta
S. 71:	Dünen, Khuri
S. 72:	Pushkar
S. 74:	Fernhill, Ooty
S. 76:	Bada Bagh & Patwon Ki Haveli, Jaisalmer
S. 77:	Fernhill Palace Hotel, Ooty
S. 79:	Taj Mahal, Agra
S. 80:	»German Bakery«, Palolem
S. 81:	Jesus-Statue gegenüber Se-Kathedrale; Church of Our Lady of the Rosary; Innenhof Basilica of Bom Jesus
S. 82:	Cricket-Fans, Alleppey
S. 83:	Raji (mit den »Kindern Indiens« im Zoo von Trivandrum); Studenten am Olakkannesvara Tempel, Mamallapuram; Kinder am Rock Fort Tempel, Trichy
S. 84:	Ooty
S. 85:	Bibliothek (Town Hall) vom Horniman Circle Garden, Mumbai
S. 86:	Darjeeling
S. 87:	Kangchenjunga (8.586 m) vom Tiger Hill; Toy Train von New Jalpaiguri nach Darjeeling
S. 88:	Gadi Sagar, Jaisalmer; Gabriel´s Guest House, Calangute
S. 89:	Kangchenjunga, Tiger Hill, Darjeeling
S. 90:	Lebensretter Nr. 7, Puri
S. 92:	Bahnhof, Kota
S. 93:	Botanischer Garten, Ooty
S. 94:	Schuhputzer, Delhi
S. 95:	Linsensalat, Delhi
S. 96:	Sri Meenakshi Tempel, Madurai; Nataraja Tempel, Chidambaram
S. 97:	Ganesha; Straßenszene, Jaipur; Rikscha, Agra; Bushaltestelle, Fort Kochi
S. 98:	Mahatma Gandhi, Raj Ghat, Delhi; am Rock Fort Tempel, Trichy
S. 99:	Taj Mahal, Agra
S. 100:	Straßenladen, Delhi; Doddabetta Lookout, Ooty; Valluvar Kottam Gedenkstätte, Chennai
S. 101:	Humayun Grabmal, Delhi
S. 102:	auf Hafenrundfahrt, Mumbai
S. 103:	Stadtpalast, Udaipur
S. 104:	Rainer am Brihadishwara Tempel, Tanjore
S. 106:	Affen, Ranakpur
S. 107:	Rikscha-Schläfer, Puri

Literatur
CDs
DVDs

Hermann Hesse »Siddhartha« (Suhrkamp)
Arundhati Roy »Der Gott der kleinen Dinge« (btb)
Dominique Lapierre »Stadt der Freude« (C. Bertelsmann)
Meher Baba »Darlegungen über das Leben in Liebe und Wahrheit« (Fischer Spirit)
Rabindranath Tagore »Indische Weisheiten für jeden Tag« (O.W. Barth)
Rumi »Das Lied der Liebe« (Heyne)
Stephan Schuhmacher »Indische Weisheiten« (dtv)
Willigis Jäger »Geh den inneren Weg« (Herder Spektrum)
Osho »Love. Briefe an Schüler und Freunde« (Osho Verlag)
Jack Kornfield »Teachings Of The Buddha« (Shambala)

Rahat Fatch Ali Khan »Charkha, The Album« (Saregama)
Deuter »Buddha Nature« (New Earth Records / Times Music)
Prem Joshua »Sky Kisses Earth« (World Media / Music Today)
Manish Vyas »Sattva. The Essence Of Being« (Times Music)
Karunesh »Call Of The Mystic« (Times Music)
Sacred Movement »White Swan Yoga Masters Vol. 1« (Worldwide Records)
Akasha Voices »Elements in Symphonie« (Amusic)
Schönherz & Fleer »Hesse Projekt« (SonyBMG)

»Darshan – Die Umarmung« (Art House)
»Gandhi« (Columbia Tristar)
»Der XIV. Dalai Lama« (Art House / Geo Epoche)

»gutenachtgedicht«

Vor hunderttausend Jahren wurde ein DÄMON groß
Er wütete im Bösen, spie Feuer pausenlos
Verwüstete die Erde, rieb Jahreszeiten wund
Da sprach BRAHMA zu SHIVA: »Spreng bitte seinen Schlund!«

Ein neuer Sohn sollt' helfen von einer zweiten Frau
Die erste ward verstorben – Shiv's Schmerz noch jung wie Tau
Drum sandte Brahma KAMA, den Gott der Liebe, aus
Mit dessen Frau, der Wollust, als Glücks-Libido-Strauß ...

Im Blütenbogen spannten sie den Jasminpfeil ein
Zielten auf Shivas Herz und trafen voll hinein
Sofort entflammte dieser und fand in Berges Höhen
Die reizende PARVATI, um gleich mit ihr zu gehen ...

Doch gab es ein Problemchen, und das ging alle an:
Neun Monate aufs Söhnchen zu warten war zu lang!
Denn während sie sich liebten, gab Dämon es nicht auf
Die Erde zu verheeren in eindrucksvollem Lauf ...

So fassten alle Götter den göttlichen Entschluss
Zu handeln, um die Erde zu ziehen aus dem Verdruss
Sie bündelten den Atem all ihrer Energien
Und sandten ihn Parvati – so wurd' ihr Macht verliehen

Durch diesen Feueratem aus edler Gotteskraft
Wurde sie flugs verwandelt in DURGA – vorteilhaft!
Denn Durga war zehnarmig, das machte sie sehr stark
Sie ritt auf einem Löwen und hat es gleich gewagt,

den Dämon anzugreifen! Und der nahm die Gestalt
von einem Riesenbüffel gleich an und schwor Gewalt!
Der Kampf währte drei Tage, bis Durga niedersank,
doch während ihres Sinkens den Götter-Nektar trank!

Mit Flammenwerfer-Augen und neuer Kampfeslust
Stieß sie mit Schwung den Dreizack dem Dämon in die Brust!
Kinder, was soll ich sagen, es ist noch nicht vorbei!
Denn aus des Büffels Großmaul dringt plötzlich noch ein Schrei!

Ein Mann schwingt seinen Säbel und klettert aus dem Schlund
Doch Durga reicht ein Schwertschlag, enthauptet ihn, den Hund!
Im heißen Rausch des Sieges, als sie aus Tränen lacht
Wird sie tiefschwarz und heißt nun KALI* (Schwarze) –
GUT NACHT!

* Kali wird vor allem in Westbengalen verehrt. Sie ist die Schutzgöttin und Namenspatronin von Kalkutta (früher: Kalikata) und gut erkennbar als schwarze Schreckensfigur, oft mit blutroter Zunge und einer Totenkopfkette um den Hals.

FOSTER'S

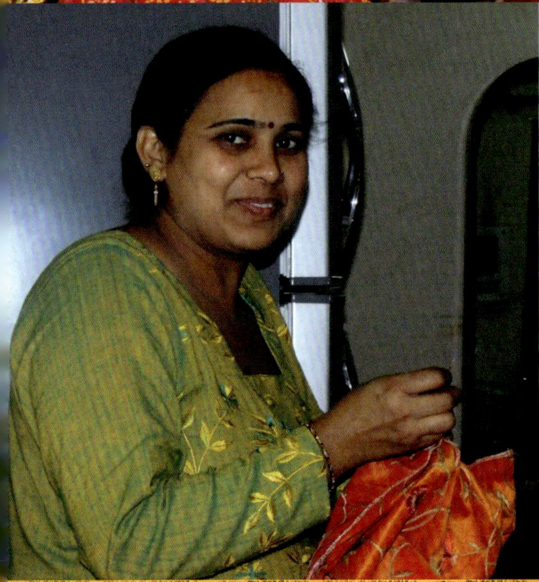

»Abendlicht« zum Anhören ...

Das Gedicht »Abendlicht«, dessen Verse die Kapitel dieses Buches miteinander verbinden, wurde von dem Komponisten Andy Horn vertont.

Wir bieten Ihnen hiermit die exklusive Möglichkeit, sich das vom Autor gesungene Lied anzuhören und auf Wunsch abzuspeichern:

www.indienvoninnen.de/abendlicht.html

Mit freundlicher Genehmigung von
»Greenhill Media / Horn Musicproduction« (www.greenhill-media.com)

weitere produkte des autors:

**»KALKUTTA –
Durga, Dichter und Dämonen«**

104 Seiten • 230 Farbfotos
60 Gedichte • 7 Infotexte
1 Song (als Link) • € 22,00
ISBN 978-3-9812583-2-5

»Mit dem sensiblen Blick eines Dichters und entsprechend feinfühligen Fotografien versteht Rainer Thielmann es, ein sehr intimes und, trotz aller Missstände, liebevolles Porträt dieser widersprüchlichen Stadt zu zeichnen.«
indien-aktuell.de

**»Indien von innen«-DVD
Rainer Thielmann Live in Leipzig 2010**

132 Minuten (96 Min. Lesung &
36 Min. Bonus) • € 9,90
ISBN 978-3-9812583-1-8

»Wortgewaltig! Stets berührten Thielmanns Verse unmittelbar und webten, in Kombination mit Fotos und Musik, das Publikum in eine intensive, sinnliche Atmosphäre ein.«
Meinerzhagener Zeitung

**»Lyrisches Australien –
Freundliche Feuer, zeitloses Land«**

48 Seiten • 36 Gedichte und Kurzprosa
70 Farbfotos • € 12,90
ISBN 978-3-00-012026-8

»Ein wahres Kleinod. Die Texte sind authentisch, und genau das ist der Grund, warum sie auch auf den Leser meditativ wirken, ihn aus dem Alltag herausheben. Ein zauberhaftes, leises Buch, das ich nicht nur Australien-Liebhabern empfehlen möchte.«
Annette Gonserowski, »Rezensionen-Welt«

Audio-CD »Zwischen den Meeren«

19 Tracks • Digipack • 16-seitiges
Booklet • viele Farbfotos • alle
Songtexte • 53 Min. • produziert
von Andy Horn • Preis: € 14,90

»Ein Ohrenschmaus. Eine Liebeserklärung an den Fünften Kontinent.«
*Tanja Lütz, Kultur-Redaktion
»Die Woche in Australien«*

Bestellung signierter Exemplare über www.indienvoninnen.de